DES

# LOIS DE LIBERTÉ

ET

## DE LEUR DURÉE

### EN FRANCE



1860

PARIS. — IMP. SIMON RAÇON ET COMP., RUE D'ERFURTH, 1

# DES

# LOIS DE LIBERTÉ

ET

# DE LEUR DURÉE

## EN FRANCE

— LOIS SUR LA PRESSE ET LE DROIT DE RÉUNION —

PAR

## R. LANÇON

CONSEILLER DE PRÉFECTURE DE LA SEINE

PARIS

GARNIER FRÈRES, LIBRAIRES-ÉDITEURS

6, RUE DES SAINTS-PÈRES, ET PALAIS-ROYAL. 215

1868

# LOIS DE LIBERTÉ

ET

## DE LEUR DURÉE EN FRANCE

I

La France est peut-être le pays du monde où il est le plus difficile de se faire comprendre en politique. On n'y a que des injures et des gros mots pour les opinions qui ne sont pas à la mode et dans le courant des passions du jour.

Dans les temps d'anarchie, lorsque sous le coup des révolutions, tous les intérêts sont compromis, ou ont peur, ne vous avisez pas de parler de liberté ; n'ayez pas la prétention de faire entendre à l'opinion autoritaire, la seule à la mode alors, que si elle ne pense qu'à elle, que si elle néglige de stipuler les intérêts de la liberté, que si elle oublie qu'il y a d'autres besoins que des besoins

1

de sécurité, elle ne triomphera pas longtemps, elle ne fera que se préparer une réaction libérale dangereuse qui pourra tout emporter encore. Inutile Cassandre, vous seriez traité d'anarchiste, de révolutionnaire, de socialiste ; vous seriez bafoué.

Dans les temps de prospérité et de sécurité, quand tous les intérêts sont rassurés et repus, gardez-vous d'avertir l'opinion libérale, la seule en faveur alors, que si elle ne pense qu'à elle, que si elle néglige de stipuler les intérêts de l'autorité, que si elle oublie qu'il y a d'autres besoins que des besoins de liberté, elle ne triomphera pas longtemps, elle ne fera que se préparer une réaction autoritaire dangereuse qui reculera de nouveau la liberté. On vous appellerait un réactionnaire, un antilibéral, un rétrograde ;... on vous sifflerait.

Il serait temps, cependant, de s'apercevoir que les lois d'autorité faites, sans souci de la liberté, aux époques d'anarchie et sous l'influence de la peur, ont toujours conduit à des explosions libérales qui ont fait voler tout en éclats. De même que les lois de liberté faites, sans souci de l'autorité, aux époques de sécurité et de confiance, ont conduit aux révolutions par la ruine de l'autorité.

Il faut cesser d'être ce que nous avons été jusqu'à ce jour.

Quand les émeutes, les attentats nous ont donné la peur, nous avons fait à la hâte des lois d'autorité, dans lesquelles aucune part n'était faite à la liberté ; absolument comme si on pouvait se passer de liberté et comme si la liberté n'avait plus sa raison d'être.

Quand la prospérité nous a donné la confiance, nous nous sommes dépêchés de faire des lois de liberté, dans lesquelles aucune part n'était faite à l'autorité ; absolument comme si on pouvait se passer d'autorité et comme si l'autorité n'avait plus sa raison d'être.

N'oublions plus, quand nous faisons des lois d'autorité, d'y faire entrer la liberté pour sa part légitime ; et quand nous faisons des lois de liberté, veillons à ce que l'autorité y entre pour la part à laquelle elle a droit.

Il s'agit aujourd'hui de lois de liberté, de lois sur la presse et le droit de réunion ; quelle part doivent-elles faire à l'autorité ? En d'autres termes, quel esprit général, quelle pensée politique faut-il désirer voir présider à la discussion de ces projets de lois ?

## II

Mon intention n'est pas d'entrer dans les détails de ces projets. Je me place à un point de vue où je n'ai pas à les examiner, à les commenter, article par article ; où ce qui me préoccupe, ce n'est pas la valeur de telle ou telle de leurs combinaisons légales, ce n'est pas le sens, ce n'est pas la portée de telle ou telle de leurs dispositions.

Ce qui me préoccupe, c'est ceci :

Nos lois sur la presse et sur le droit de réunion ont eu toutes, ou presque toutes, une commune et singulière destinée : on peut dire qu'elles n'ont pas vécu, si courte a été leur existence. Toutes ou presque toutes, après un certain nombre d'années, ont été défaites ou refaites, remplacées par d'autres lois qui marquaient, non point un nouveau pas en avant dans la voie du progrès, mais, au contraire, un pas en arrière, et qui, lois de réaction et de compression, retiraient ou amendaient les libertés sorties des législations précédentes.

Ce qui importe donc à mes yeux (et c'est là ma préoccupation depuis qu'une nouvelle loi sur la presse est annoncée), c'est que cette loi dure plus longtemps que ses aînées, c'est qu'elle naisse viable ; c'est que, à certains jours et graduellement, elle puisse être suivie d'autres lois qui ne reprennent pas ce que les précédentes ont donné, mais qui, au contraire, donnent davantage et finissent par fonder ainsi la liberté.

Il faut que la France, dans ses lois politiques, cesse d'offrir le spectacle d'une nation inconsistante, dont chaque mouvement en avant est suivi toujours et comme fatalement d'un mouvement de recul ; il faut qu'elle apprenne à marcher dans la voie de la liberté, si elle veut y avancer sûrement. Si elle ne sait pas y mesurer chacune des étapes qu'elle est appelée à y faire, elle y pourra trébucher encore ; elle continuera de n'y avancer que pour reculer ; elle continuera de s'user à ses yeux et aux yeux du monde dans les éternelles alternatives des révolutions et des dictatures.

Pour que la liberté, en France, pousse dans le sol de profondes et indestructibles racines, une seule loi ne suffit pas ; une seule loi, en donnant tout en une seule fois, donnerait trop ; elle serait excessive et aboutirait à une congestion. Ce qu'il faut, pour l'établissement durable de la liberté, c'est une longue série de lois, dont chacune ne donne jamais plus de liberté que n'en peut supporter l'organisation actuelle du pouvoir, mais en donne toujours un peu plus que la loi précédente. Dès lors, chaque loi ne donnant au pays que la somme de liberté possible, le progrès est lent, mais il est continu, il est assuré. Si, au contraire, une loi vient à donner plus que ne comporte la situation organique du pouvoir, soyez sûr que cette loi ne tardera pas d'être suivie d'une autre qui lui reprendra ce qu'elle avait donné.

Il s'ensuit que, pour que les lois politiques proposées au Corps législatif soient durables et servent à la fondation de la liberté, il faut qu'elles ne donnent que la mesure de liberté compatible avec l'état présent du pouvoir.

Quelle doit être cette mesure?

Là est le problème.

## II

Pour le résoudre, il n'est pas inutile de montrer, par notre histoire contemporaine, à quel point il est vrai que presque toutes nos lois politiques ont avorté parce qu'elles ont manqué de mesure, parce qu'elles ont donné au delà de ce que l'état du pouvoir pouvait supporter.

Et ici (ai-je besoin de le dire?) ce que je recherche, ce qui m'attire, ce n'est pas le plaisir de mettre en contradiction avec eux-mêmes les hommes politiques et les partis de notre temps; ce serait indigne de moi et du grave sujet que je traite. Si je ne trouvais pas, dans les contradictions des hommes politiques et des partis, des enseignements qui peuvent empêcher de commettre les fautes de nos devanciers, je n'en parlerais pas; j'en parle parce que toutes les fois que le passé nous montre un fait qui peut être une leçon pour le présent ou l'avenir, il faut le signaler et l'interroger.

D'ailleurs, ces contradictions accusent et dénoncent,

comme on va le voir, non point la défaillance des hommes et des partis, mais celle des institutions et des lois politiques ; de là, l'évidente nécessité de les faire meilleures.

Je n'ai jamais trouvé, ni entendu nulle part, ce me semble, une réponse sérieuse à la question suivante :

Comment se fait-il que tous les hommes politiques, tous les partis en France, depuis soixante ans, tous ou presque tous, quand ils ont été au pouvoir, se sont vus obligés de faire de la politique d'autorité et non point de la politique de liberté ? Ils ont retouché nos lois politiques, non point dans le sens libéral, mais dans le sens autoritaire ; ils ont fait des lois d'ordre ; ils n'ont pas fait des lois de liberté. Pourquoi ?

Lorsque les hommes qui, sous le premier Empire, faisaient de l'opposition dans le Tribunat, dans le Corps législatif de 1813 et ailleurs, se sont trouvés au pouvoir sous la Restauration, qu'y ont-ils fait ? Ils ont fait de la politique d'autorité. Les réactions de 1815, toutes les lois politiques de cette époque, ce n'était pas de la politique de liberté, c'était de la politique d'autorité.

Lorsque les hommes qui, sous la Restauration, faisaient de l'opposition dans les Chambres et dans les journaux, se sont trouvés au pouvoir sous le gouvernement de Juillet, qu'y ont-ils fait ? Il ont fait de la politique d'autorité ; toutes les lois politiques de la première partie du nouveau règne, les lois de septembre particulièrement, ce n'était pas de la politique de liberté, c'était de la politique d'autorité.

Lorsque les républicains qui, sous la monarchie de 1830, faisaient de l'opposition dans le parlement et dans la presse, se sont trouvés au pouvoir sous la république de 1848, qu'y ont-ils fait? Ils ont fait de la politique d'autorité. Les *Bulletins du ministère de l'intérieur*, les commissaires extraordinaires de la République investis de tous les pouvoirs et se faisant élire représentants dans les départements même qu'ils administraient, le rétablissement du cautionnement des journaux, la dictature du général Cavaignac, l'état de siége, l'emprisonnement et la mise au secret des journalistes, la transportation sans jugement, toutes les lois politiques, enfin, votées par la Constituante le lendemain des journées de juin, ce n'était pas de la politique de liberté, c'était de la politique d'autorité.

## IV

Telle est notre histoire d'hier; bien aveugles, bien imprudents ceux qui en méconnaissent les enseignements !

Pour ma part, je ne sais rien de plus concluant et de plus digne d'être médité que ce phénomène historique étrange qui nous fait voir tous les hommes politiques, tous les partis, dans notre pays, tenant au pouvoir la même conduite, obéissant aux mêmes nécessités, condamnés, tous, à la même politique d'ordre, de conservation, de résistance, d'autorité ; armant, tous, la société contre les excès de liberté nés de lois politiques qui dépassaient le but, et modifiant ou refaisant ces lois dans le sens restrictif et réactionnaire et non point libéral.

Quand j'y songe, il m'est impossible de me défendre d'un certain sentiment de défiance en écoutant ceux qui parlent aujourd'hui de liberté comme si nous n'étions pas libres et qui réclament une liberté plus grande encore. Je suis tenté de leur montrer, dans le livre de l'histoire, la page où leur parti, après avoir tenu, dans l'opposition, le même langage qu'ils tiennent aujourd'hui, s'est vu obligé, une fois arrivé au pouvoir, de tenir un langage différent, sinon contraire, et de restreindre la liberté au lieu de l'étendre.

Ils répondent vainement qu'ils ne sont responsables que de leurs propres actes, que le passé de leur parti ne les lie pas et que, s'ils étaient dans le gouvernement, ils feraient autrement et mieux que leurs auteurs politiques.

Prétendre qu'on aurait pu faire autrement et mieux que

les hommes et les partis qui, à des époques si diverses, ont tous offert, devenus gouvernants, le spectacle de la même politique d'autorité et de restriction, c'est évidemment donner à entendre qu'on aurait eu ou plus de caractère ou plus de génie politique qu'eux ; c'est croire qu'ils auraient pu agir autrement qu'ils n'ont agi ; qu'il a dépendu d'eux de tenir une autre conduite et qu'ils n'ont eu à céder à aucune nécessité politique ou sociale, à aucune raison d'État imposée par les événements.

C'est là une grave erreur qui, tant qu'elle subsistera, entretiendra une obscurité fatale sur l'un des points les plus importants de notre politique intérieure. Cette obscurité ne cessera que le jour où il sera démontré, pour tout le monde, que si tous les hommes politiques, si tous les partis ont fait de la politique d'autorité lorsqu'ils se sont trouvés en possession du pouvoir, c'est qu'ils n'ont pas pu en faire d'autre, c'est qu'ils ont senti, tous, que les institutions politiques, les lois politiques, alors existantes, avaient mal mesuré la part faite à la liberté, l'avaient faite trop grande, avaient ainsi trop désarmé le pouvoir, et que, si le pouvoir n'était pas fortifié sans retard par d'autres lois politiques, ils se trouvaient impuissants à sauver la société.

C'est cette démonstration qu'il importerait de faire ; je vais la tenter.

## V

D'abord, on ne saurait soutenir sérieusement que c'est par défaut de caractère ou de talent que les hommes politiques et les partis, dont nous parlons, ont agi comme ils l'ont fait aux époques que nous avons indiquées. On ne se rappelle pas assez quels hommes admirablement doués c'étaient ces chefs d'opinion qui, dans l'opposition, firent de la politique de liberté, et qui, dans le gouvernement, firent tous, ou presque tous, de la politique d'autorité. Ils étaient, pour la plupart, toujours grands par quelque côté, ou par l'esprit, ou par la naissance, ou par la fortune, ou par la position sociale, ou par les lettres, ou par la tribune, ou par les services rendus. De bonne heure, ils s'étaient trouvés mêlés aux grandes affaires de leur temps, ils y avaient acquis une expérience qui déjà, à elle seule, était une supériorité et qui leur servait à exercer sur les esprits une influence, j'allais dire une domination, presque sans partage. Leurs noms sont sur toutes les lèvres et nous avons appris, dès notre jeunesse, à les admirer et à les honorer.

Pour croire que c'est par amour du pouvoir ou par défaut d'intelligence, que de tels hommes ont fait de la politique d'autorité dans le gouvernement, après avoir fait de la politique de liberté dans l'opposition, il faut bien peu les connaître, ou avoir bien peu d'estime pour son pays et pour les citoyens qui l'ont illustré. Il faut, en outre, beaucoup de présomption pour croire qu'on ferait autrement que ces puissants esprits, si on était soi-même appelé à gouverner.

C'est donc ailleurs et plus haut que doit être cherchée la cause, l'explication du fait historique que j'examine.

Pour que des hommes d'une valeur personnelle éprouvée, d'une renommée européenne, aient tous tenu au pouvoir la même conduite, il faut évidemment qu'ils aient eu à subir, tous, une même loi, une même nécessité.

Tous, en effet, dès que le pouvoir fut dans leurs mains, eurent la conscience de son état de faiblesse et d'abaissement; tous, comme frappés d'une lumière soudaine, reconnurent combien avaient été fatales au principe d'autorité ces lois, ces institutions qui, par le système de droits et de libertés qu'elles établissaient, leur avaient fourni les moyens, alors qu'ils étaient dans l'opposition, de passionner, d'ameuter l'opinion contre le gouvernement, d'exciter et d'entretenir les esprits dans un état permanent d'ébullition, de créer une activité politique toute dirigée, toute concentrée sur un seul but, le chef de l'État, devenu comme une cible universelle et perpétuelle. Ils comprirent que ces lois, ces institutions avaient eu pour effet d'énerver, de ruiner le pouvoir, de le réduire à n'être plus qu'une ombre. En même temps, ils étaient pressés par la nécessité de rassurer une société troublée, de la délivrer des émeutes, des complots, des attentats, de l'anarchie enfin ; c'était leur devoir de l'arrêter sur la pente qui l'emportait vers de nouvelles révolutions et de nouveaux mécomptes. Ils avaient besoin, pour cette œuvre de salut public, d'un pouvoir fort et respecté ; ils se sentaient sans force et désarmés. Ils demandèrent aux Chambres, et les Chambres votèrent des lois, des mesures de sûreté qui retiraient, soit directement soit indirectement, une partie des libertés données par les lois précédentes ; ils firent de la politique d'autorité.

Voyez les ministres de la Restauration. Il y en avait, parmi eux, qui avaient trouvé non sans raison que le règne de Napoléon Ier n'était pas un régime assez libéral ; appelés à gouverner sous les Bourbons, ils sentirent que l'organisation de droits et de libertés établie par la Charte de 1814 avait créé et développé, jusqu'à la confusion et à l'anarchie de tous les pouvoirs, une activité politique à outrance exclusivement dirigée contre le roi, ne visant que lui, n'ayant que lui pour point de mire et pour objectif. Ils provoquèrent des lois répressives qui éludaient ou contenaient, dans le sens de la résistance et de la conservation, les droits écrits dans la Constitution. Plus tard, ils trouvèrent que la législation de 1819 sur la presse avait, par quelques-unes de ses dispositions, fait le journalisme trop libre, trop puissant, en avait fait un quatrième pouvoir dans l'État et rendu ainsi plus difficiles, sinon impossibles, l'action et même l'existence de tout gouvernement. Ils se virent contraints, pour conjurer les dangers de cette législation, de proposer des lois qui, à certains points de vue et au profit du pouvoir, en changeaient le caractère, en atténuaient la portée, en corrigeaient les conséquences. Ils firent de la politique d'autorité; ils s'appelaient Royer-Collard, Lainé, de Serre...

Les ministres du gouvernement de Juillet, qui avaient à tort accusé la Restauration de n'avoir pas fait la France assez libre, s'effrayèrent en voyant l'état d'agitation, de lutte, d'antagonisme, les excès de presse et de tribune nés de la charte de 1830 et des lois qui avaient été votées à sa suite. Ils déclarèrent au parlement et au pays que, si ces lois, si cette charte n'étaient par sur-le-champ modifiées, sous une forme plus ou moins déguisée, par des lois restrictives reprenant, par voie détournée, une partie de ce qui avait été donné, ils ne répondaient plus de la sécurité publique, ils étaient impuissants à gouverner, ils étaient sans pouvoir, sans autorité. Ils obtinrent, en effet, des lois restrictives qui rusaient avec la charte, avec les lois antérieures, avec les lois de presse de 1819. Ils repoussèrent la réforme électorale, la réforme parle-

mentaire, toutes les réformes. Ils firent de la politique
d'autorité. Ils s'appelaient Casimir Périer, Sébastiani, de
Broglie, Guizot, Molé, Thiers...

Les ministres de la République de 1848, qui avaient
injustement reproché au gouvernement de Juillet de n'a-
voir pas donné une liberté suffisante, se demandèrent,
assaillis par l'émeute, les attentats, les complots, tous les
crimes politiques, enfin, s'il ne leur fallait pas d'autres
lois, pour sauver la société et la civilisation, que celles qui
aboutissaient ainsi périodiquement, par les passions
qu'elles soulevaient, à l'esprit de faction et de révolte.
Ils réclamèrent de la Constituante, le lendemain de l'in-
surrection de juin, des lois leur assurant le pouvoir né-
cessaire, la dictature même, pour triompher de l'anarchie. Ils firent de la politique d'autorité. Ils s'appelaient
Arago, Marrast, Garnier-Pagès, Marie, Bastide, les généraux Cavaignac, la Moricière...


# VI


Voilà nos ministres jusqu'au second empire.

Ministres, leur premier sentiment a été celui de la faiblesse du pouvoir, ce n'a pas été celui de l'absence de la

liberté; leur premier besoin a été un besoin d'autorité, ce n'a pas été un besoin de liberté ; la première nécessité qui a pesé sur eux a été celle d'un pouvoir plus fort, ce n'a pas été celle d'une liberté plus grande.

Cela vient, on le voit maintenant, de ce que toutes nos lois de liberté, ou presque toutes, ont manqué de mesure ; elles ont dépassé le but, elles ont trop donné à la liberté et trop retiré au pouvoir, qu'elles ont laissé affaibli et désarmé. Dès lors, chaque homme politique, devenu ministre, a dû faire de la politique d'autorité.

A ceux qui me diraient que je n'ai de sollicitude que pour le pouvoir et que je me défie trop de la liberté, je réponds : Mais de quel poids peuvent être vos professions de foi libérales puisque, lorsque vous avez été ministres, vous ou vos amis ou vos auteurs, vous avez toujours fait de la politique d'autorité? C'est précisément pour éviter que les professions de foi libérales d'opposition aboutissent désormais, dans le gouvernement, à une politique d'autorité; c'est précisément pour qu'à l'avenir, le premier besoin d'un ministre ne soit plus de réparer les brèches faites au pouvoir par l'action de lois politiques mal conçues, c'est pour tout cela que je veux que les lois de liberté qui vont être discutées soient faites autrement et mieux que celles qui ont été faites jusqu'à ce jour.

De telles lois ne doivent donner à la nation que la part de liberté que peut supporter son système d'organisation du pouvoir. Si elles lui donnent moins, le pouvoir est trop fort, se fait trop sentir, et la nation prend elle-même, un jour, ce qu'on lui a retenu. Si elles donnent plus, le pouvoir est trop faible et succombe ; c'est, dans les deux cas, une révolution. Or, une révolution n'est pas le chemin qui conduit le plus sûrement à la liberté. Les révolutions ne conduisent, le plus souvent, qu'aux variétés infinies de la dictature.

Ce serait donc une illusion de croire que nous aurions fait un pas de plus dans la voie de la liberté, uniquement parce que nous aurions fait une loi de plus (c'est peut-être la vingtième) sur la liberté de la presse, et une autre loi de plus (c'est peut-être la vingtième aussi) sur le droit de réunion.

Pour que cela fût vrai, il faudrait que ces deux lois fussent faites de manière à laisser le pouvoir assez fort pour qu'il ne fût pas obligé, plus tard, sous peine de périr, de reprendre, par des lois nouvelles, ce que les précédentes lui auraient pris en trop. Là est la question.

Il s'agit donc de savoir ce qui peut être pris par la liberté et retiré au pouvoir sans dommage pour celui-ci, sans que celui-ci en soit énervé, absorbé, condamné à la lutte, à la réaction pour ne pas succomber.

Cela revient à examiner quelle part doit être faite à l'autorité dans les lois de liberté soumises au Corps législatif.

## VII

Je n'hésite pas à dire que cette part doit être grande.
Je vais en fournir la preuve, et, cette preuve faite, j'au-
rai prouvé du même coup pourquoi, faute d'avoir fait
à l'autorité une part suffisante, toutes nos lois de liberté
n'ont pas vécu, comme je l'ai montré, et ont été remplacées, au bout d'un certain temps, par des lois d'autorité qui en étaient comme le retrait ou tout au moins la
restriction.

En France, toute liberté, dès qu'elle s'affirme, dès
qu'elle s'exerce, ne s'affirme et ne s'exerce que contre le
chef de l'État. Qu'il s'agisse d'une liberté émanée de
l'initiative du souverain ou d'une liberté imposée par une
révolution ou par une majorité parlementaire, elle n'a
de point de mire et d'objectif que le souverain lui-même.
Elle se retourne contre lui, dès qu'elle existe, et elle
n'existe que contre lui. Ce n'est qu'à lui qu'elle s'attaque,
ce n'est que lui qu'elle prend à partie ; c'est le mode d'action, c'est la manière d'être et de procéder de tous les
droits politiques, de toutes les libertés dans notre pays.
Ces droits, ces libertés sont à l'état d'adversaires nés du

pouvoir exécutif. Le pouvoir exécutif, c'est la cible universelle et perpétuelle.

Cela vient de notre système de centralisation outrée qui, depuis près d'un siècle, concentre toute l'activité politique de la nation sur un seul point, Paris, et contre un seul but, le chef de l'État ; toutes nos institutions ont pour effet de créer comme un courant politique qui va droit au pouvoir exécutif, fait tout converger, tout refluer, tout fermenter vers lui, fait tout remonter jusqu'à lui.

Un pouvoir, dans ces conditions, soumis à cet assaut quotidien de toutes les libertés, de tous les droits, de toute l'activité politique de la nation, est condamné à s'user rapidement et doit finir fatalement par succomber.

L'erreur capitale de nos gouvernements, de nos partis, de nos hommes politiques, a été de méconnaître cette situation du pouvoir en France, de ne pas en tenir compte, et de ne pas comprendre qu'un tel pouvoir est nécessairement un pouvoir faible, incapable de supporter une grande dose de liberté.

Il n'est pas de pays où, comme en France, le pouvoir central soit aussi isolé, sans appui, sans lien, sans solidarité avec quoi que ce soit, dans un milieu aussi hostile et défiant. C'est l'effet de ce travail unitaire constant et uniforme que nous avons accompli pendant des temps séculaires. Nous avons vu s'effacer et tomber successivement tous les pouvoirs partiels et locaux, qu'ils eussent pour dépositaires la bourgeoisie ou la noblesse, le clergé ou les parlements ; nous avons introduit l'unité en toutes choses, dans le territoire, dans la constitution du clergé, dans les corps de justice, dans l'administration, dans l'armée, dans les lois ; toutes ces autorités ont succombé, et ce grand mouvement d'absorption et de centralisation s'est opéré au profit d'un pouvoir central et unique, s'élevant graduellement sur les débris de ces autorités vaincues qu'il a recueillies et résumées. Tout a fini par se soumettre à la direction, à l'autorité de ce pouvoir. Ce pouvoir est resté seul debout, n'ayant plus autour de lui aucun grand corps politique capable de lui servir de point d'appui et de force gouvernante ; il n'a plus pour auxiliaires ces grands corps historiques et traditionnels, l'Église, la noblesse, les communes et les corporations, que nous voyons encore, en Angleterre, corps si essentiellement gouvernants, réunissant la tradition et l'initiative, vivant dans une admirable entente, ne séparant pas leur cause, leur puissance, leur destinée, de la cause, de la puissance et de la destinée de la monarchie, et croyant qu'ils toucheraient à leur propre grandeur s'ils touchaient à la sienne.

Il est évident qu'un tel pouvoir, qui n'a en dehors de lui-même rien qui le défende et le protége, qui ne peut emprunter son action qu'à lui-même, ne saurait supporter les mêmes libertés, toutes les libertés que supporte, en Angleterre, un pouvoir qu'entourent des institutions, des corps politiques, des pouvoirs locaux qui lui prêtent leur influence et leur autorité. On ne peut pas établir, près d'un tel pouvoir, des libertés qui seraient bien vite plus fortes, plus souveraines que lui.


# VIII


Rien n'est plus facile à expliquer.

Les corps politiques, les libertés locales, les pouvoirs locaux ont pour effet de créer, partout où ils existent, la vie politique dans la province et dans la commune. Les populations, rendues à elles-mêmes par l'action de ces corps politiques, de ces libertés locales, de ces pouvoirs locaux, ne tardent pas à prendre goût et à se passionner pour la discussion et la gestion d'intérêts graves, impor-tants, qu'elles sentent être les leurs propres : intérêts de finance, d'instruction publique, de justice, de viabilité, d'impôt... Ceux qui, au milieu d'elles, sont appelés à les discuter, y trouvent gloire et profit. Les affaires dont ils ont le contrôle, l'administration, sont si considérables ; elles touchent de si près à leur existence morale et maté-rielle, elles donnent lieu, entre eux, à des débats si p[illegible] sionnés, si retentissants, qu'elles leur ouvrent, sur place, une carrière dans laquelle ils trouvent la considération, la renommée, les honneurs, la fortune. Leur ambition se tient pour satisfaite ; le centre d'activité, dans lequel ils vivent et s'absorbent, les empêche de porter leurs regards ailleurs et plus loin ; ils ne cherchent ni n'aperçoivent rien au delà. Le théâtre de leur action, de leur expansion, bien que suffisamment animé, agité même, leur offrant un horizon assez étendu et répondant à toutes leurs aspirations, est circonscrit, cependant, localise leur activité politique et ne leur laisse ni le temps, ni la pensée de l'étendre et de l'appliquer jusqu'au chef de l'État. Là, les rivalités, les luttes personnelles, loin d'être dangereuses comme dans le parlement (où ce sont les intérêts généraux du pays qui sont en discussion et qu'elles compromettent), deviennent un dérivatif salutaire en ce que, au lieu de s'appliquer et de s'irriter à des questions de politique générale, à des choses de gouvernement, elles s'usent à des questions d'intérêt local, en troublant peut-être quelquefois les localités qu'elles intéressent, mais sans troubler l'état général du pays.

Dès lors, l'activité politique de la nation, au lieu de se porter et de se concentrer tout entière sur un seul but, le pouvoir exécutif, se divise en se localisant dans la province, dans la commune. Chaque province, chaque commune devient comme un foyer qui attire l'activité politique, la retient, la fixe, la détourne du pouvoir central comme le paratonnerre détourne la foudre.

Un pouvoir, dans ces conditions, peut supporter la coexistence des libertés générales les plus étendues, les plus complètes. L'activité politique créée et développée par l'exercice de ces libertés ne se concentre pas seulement sur lui, ne vise pas que lui, n'a pas que lui pour objectif. Elle a pour objectif aussi les corps politiques, les pouvoirs locaux qui, par l'action des libertés locales, lui offrent un aliment suffisant, la provoquent, l'occupent, la désintéressent, pour ainsi dire.

C'est le contraire qui se produit dans les pays où, comme en France, le pouvoir central a tout absorbé; où, par suite de ce travail d'absorption, il n'y a plus de libertés locales, plus de corps politiques vivants, plus de classes politiques, plus d'influences organisées, conduites, plus de vie provinciale, plus de vie communale... Là, l'activité politique ne s'exerce et ne peut s'exercer que contre le chef de l'État, monarchique ou républicain. C'est contre lui seul que se réveille et se passionne l'opinion; c'est contre lui seul que naissent, grandissent, s'exploitent les défiances, les soupçons, les haines. Il n'y a, dans les provinces, dans les communes, aucun pouvoir, aucune institution, aucun corps politique, aucune influence pouvant servir de contre-poids, de dérivatif, avoir sa part

dans ces défiances, ces soupçons, ces haines et en déchar-
ger d'autant le pouvoir central. Aucune force intermé-
diaire n'existe pour arrêter, modérer, détourner ce courant politique qui va droit au souverain, empereur, roi
ou président de république. Table rase a été faite, autour
de lui, de toutes les institutions ayant intérêt à le défendre, à amortir les coups, à le fortifier de leur esprit, de
leur crédit et à faire cause commune avec lui. Les esprits, les imaginations, les ambitions n'ont qu'une visée,
c'est lui. C'est contre lui, c'est pour le mettre en échec et
en suspicion, c'est pour l'attaquer dans son principe,
dans son origine, et non point pour connaître les besoins
du pays, que la lutte s'établit et s'organise ; toutes les
institutions, toutes les lois, toute l'organisation politique,
tout est fait de manière à ce qu'un travail actif et continu de surexcitation, d'ébullition, ait lieu et se concentre contre le gouvernement, sur les questions politiques et non point sur les questions d'affaires. C'est
comme une conspiration universelle de toutes les libertés
et de la constitution elle-même contre le pouvoir exécutif.

Ce n'est pas tout. L'état de faiblesse d'un tel pouvoir
éclate encore à un autre point de vue. Notre société française est traversée en quelque sorte par deux grandes
institutions parallèles : l'institution monarchique, per-
sonnifiée dans le souverain, les préfets, les sous-préfets,

les maires, et l'institution élective, représentée par le Corps législatif, les conseils généraux, les conseils d'arrondissements, les conseils municipaux. Ces deux institutions sont ainsi destinées à vivre perpétuellement face à face ; il faut qu'elles se développent sans se heurter, et qu'elles se heurtent sans enfanter des troubles mortels. On a vanté la sagesse de cette organisation ; je trouve, moi, qu'il y a eu imprudence, folie, à établir ainsi, à chaque degré de la hiérarchie, la lutte du pouvoir électif et du pouvoir monarchique ; lutte dont les péripéties sont marquées dans notre histoire par des dates célèbres : le 21 janvier, le 10 août, le 18 brumaire, Waterloo, le 29 juillet 1830, le 24 février 1848... Ce dont je me plains, ce n'est pas de ce que la lutte soit établie, organisée à chaque degré de la hiérarchie, mais de ce que, par l'effet de notre centralisation immodérée, cette lutte, à chaque degré hiérarchique, remonte toujours au chef du pouvoir exécutif, le mette en cause, le prenne à partie, en fasse un adversaire naturel et né, l'atteigne, le compromette ; ce que je trouve imprudent, dangereux, c'est que, dans cette lutte fatale qui a lieu à chaque degré de la hiérarchie, ce soit toujours le souverain que l'on vise et qui reçoive les coups.

Ainsi, toute notre organisation politique actuelle est faite contre le pouvoir exécutif qui, toujours discuté et condamné à une lutte sans trêve, finit forcément par suc-

comber; tandis que, par la décentralisation, la lutte se
localise à tous les degrés où elle est établie; elle se con-
tente, à chacun de ces degrés et dans chaque localité, des
grands intérêts qu'on lui donne pour aliments; elle en a
assez pour les besoins de ses ardeurs, de ses passions, de
ses ambitions, et met ainsi hors de cause le pouvoir
exécutif et la constitution.

## IX

Tel est le pouvoir en France. L'activité politique que
produit l'action de la liberté ne s'y exerce que contre le
pouvoir et se concentre tout entière sur lui. C'est le pouvoir qui, sans répit, reçoit tous les coups, tous les assauts, tous les chocs de la liberté; il en résulte pour lui,
évidemment, une situation faible et précaire. Cette situation se trouve aggravée toutes les fois qu'une loi accorde une liberté nouvelle, parce que cette liberté nouvelle a pour effet d'accroître, de surexciter, de rendre
plus puissante l'activité politique, toute appelée, toute
dirigée sur le pouvoir. S'il s'agit d'une loi qui ne mesure
pas à cette situation du pouvoir telle que je viens de la dé-
crire, la part de liberté qu'elle donne, cette loi aura pour

conséquence d'augmenter, de développer, dans des proportions excessives, l'activité politique de la nation, toute
portée sur le pouvoir et ne s'attaquant qu'à lui ; le pouvoir sera en péril ; il ne résistera pas aux efforts répétés,
au travail incessant de cette activité politique, toujours
croissante, toujours concentrée sur lui, comme conjurée
contre lui : il périra.

Voilà ce qu'il ne faut pas oublier quand on fait des lois
de liberté dans notre pays. Sinon, on s'expose à ne faire
que des lois éphémères, qui créent une activité politique
exagérée aboutissant à la ruine du pouvoir, et qu'il faut
remplacer bientôt par d'autres lois qui leur reprennent,
en totalité ou en partie, les libertés qu'elles avaient données. Tel a été le sort, je l'ai montré, de toutes les lois
de liberté en France. Pourquoi? On le sait maintenant.

Cette faiblesse organique du pouvoir faisait dire, en
1829, à M. de Martignac, défendant sa loi sur l'administration départementale et municipale : «... Le mouvement
des esprits est difficile à contenir ; dirigez-le avec prudence ; *divisez-le* pour rendre son action moins vive et
moins pressante, et pour le faire tourner au plus grand
avantage du pays. *Concentrée au cœur de la monarchie,
tendant vers un but unique (le roi), cette activité croissante peut offrir des dangers ; appelée sur tous les points,
donnez-lui des aliments divers ; occupez-la de soins nom-
breux ; ce n'est qu'ainsi que vous pourrez l'affaiblir et la*

*rendre salutaire...* Vous l'affaiblirez en la divisant; vous la diviserez en créant peu à peu, avec infiniment de mesure, de ménagements, de circonspection, de tempéraments, la vie politique en province, en y retenant, en y fixant les ambitions par la discussion, par la gestion de grands intérêts... Il faut tracer autour de ces ambitions un cercle honorable, au milieu duquel il y ait quelque profit et quelque gloire à rester. »

Avant M. de Martignac, M. de Villèle avait dit, en 1818, dans la discussion du budget : «... *On veut rétablir la monarchie et on conserve l'unité et la centralisation républicaines;* on veut nous faire jouir des avantages d'un gouvernement constitutionnel, et on conserve précieusement le système d'administration qui peut lui être le plus funeste, *un système qui appelle, qui concentre toute l'activité politique de la France, contre quoi, contre qui?... Contre le gouvernement, contre le roi... Il existait autrefois en France, dans chaque localité, des corps puissants qui avaient leurs droits, leurs fonctions, leur priviléges, qui appelaient autour d'eux la vie politique, qui attiraient et détournaient le courant des passions et des ambitions qui se précipitent toutes aujourd'hui vers le roi et ne visent que lui...* Consultez notre histoire, jetez les yeux sur les nations qui nous environnent, partout vous trouverez institutions municipales, institutions provinciales, diocèses, paroisses et corporations; mais partout, excepté chez nous, le gouvernement *a l'appui de la force de ces divers groupes qu'il a laissés se former dans l'État*, et nulle part, excepté chez nous, *d'obscurs conspirateurs n'oseraient concevoir l'espoir d'asservir tout un royaume par le seul fait de l'occupation de la capitale ou par des combinaisons qui les porteraient au pouvoir...* Ce beau royaume, sans institutions, ne ressemble pas mal à une table rase sur laquelles les novateurs peuvent continuer, sans obstacle, cette longue série d'expériences politiques dont les essais déjà faits à nos dépens devraient, ce me semble, avoir pour toujours dégoûté tous les Français sincèrement attachés à leur pays... »

Napoléon exprimait la même pensée, avec la vivacité de langage qui lui était propre, dans les séances du conseil d'État des 1ᵉʳ décembre et 1ᵉʳ février 1804. « Le pouvoir en France, disait-il, ne doit pas être une émanation du Corps législatif ; il a besoin d'une existence propre ; il a besoin d'être fort *parce que les autres institutions sont sans consistance, et qu'aucune d'elles ne pourrait garantir la nation de devenir la proie d'un colonel qui aurait quatre mille hommes à sa disposition... Un caporal pourrait s'emparer du gouvernement dans un moment de crise.* »

Ainsi, ce n'est pas seulement notre histoire tout entière, ce sont les plus grands esprits aussi qui attestent, qui démontrent la faiblesse du pouvoir en France. Cette démonstration est si complète, si concluante, semble-t-il, qu'elle pourrait s'arrêter là. Je crois devoir, cependant, la continuer et voici pourquoi. Quand on fait une loi de liberté, le point le plus important à établir, n'en déplaise au vulgaire, est la situation du pouvoir, sa force ou sa faiblesse, pour savoir quelle mesure de liberté il est capable de supporter. Toute la question est là, quoi qu'on en puisse dire. Le reste appartient au vieux vocabulaire des partis, qu'on nous remet dans les mains et qu'on nous fait relire pour la centième fois. En outre, on entend dire, à chaque instant et un peu partout, que le pouvoir est fort, trop fort, et que c'est là le vrai danger de l'Empire. Il importe donc de poursuivre jusqu'au bout, jusqu'à la lumière la plus éclatante, ma démonstration de la faiblesse du pouvoir. Les conséquences à en tirer en seront d'autant plus irrésistibles.


## X


Il serait temps qu'on se rendît compte des nécessités politiques imposées par les conditions mêmes de l'existence du pouvoir en France. Ces conditions ne sont pas changées et sont restées ce qu'elles étaient la veille et le lendemain de la révolution de 1789. Le pouvoir central, en absorbant ou en détruisant tous les pouvoirs partiels et locaux, tous les grands corps politiques, s'était rendu sans doute plus fort, plus libre, plus indépendant ; c'est à son profit, évidemment, que s'accomplit ce grand travail d'unification, d'absorption, de centralisation que je viens de rappeler. Mais cela ne le servit et ne fut pour lui une cause de force et de grandeur qu'autant qu'il n'eut à combattre que des adversaires, des obstacles comme ceux qu'il rencontrait dans l'ancien régime ; il n'avait pas à soutenir le choc d'assemblées et de libertés souveraines, ambitieuses, jalouses, lui livrant tous les jours les assauts les plus meurtriers. Il n'avait pas contre lui une constitution créant dans le parlement, dans la presse, des pouvoirs rivaux, armés du droit, non pas seulement de surveiller, de discuter, de contrôler, mais de gouverner, de *diriger*. Ses adversaires, ses ennemis n'étaient le plus souvent que des rebelles ne pouvant jamais invoquer contre lui la loi, le droit, la constitution. Il était donc fort à la fois et par les effets de cette centralisation qui avait fini par concentrer, résumer en lui toutes les autorités, toutes les influences, et par les effets d'un droit public qui, loin de partager la souveraineté entre le roi et d'autres pouvoirs, la faisait résider tout entière dans le roi et ne la reconnaissait que dans le roi.

On conçoit que, sous un pareil régime, il importait peu que le pouvoir central fût isolé et ne trouvât plus

autour de lui des pouvoirs locaux et de grands corps
politiques lui prêtant appui et secours ; il n'en avait pas
besoin ; il les avait même détruits comme des obstacles ;
il pouvait se suffire à lui-même. C'était pour réaliser sa
pensée, sa politique d'unité, de centralisation, qu'il avait
fait table rase de ce qui pouvait être une force, une autorité, une influence et avoir l'esprit de gouvernement. Mais
cette unité, cette centralisation, et l'isolement qui en ré-
sultait pour le pouvoir, qui servaient alors les intérêts de
ce pouvoir, ceux de sa grandeur et de la grandeur de la
France, devaient devenir et devinrent, après 1789, pour ce
même pouvoir et sous un régime d'assemblées et de libertés
souveraines, autant de causes de faiblesse et d'infériorité.

Ce fut l'erreur de la Constituante de croire que la
même organisation du pouvoir qui avait pu convenir
à l'ancienne monarchie, pouvait convenir également
à un système politique tout différent qui appelait les
assemblées et la liberté au gouvernement, qui con-
damnait le chef de l'État (cela s'est vu jusqu'en 1852)
à ne gouverner qu'avec le concours de ministres choi-
sis dans la majorité de ces assemblées. Ce fut une illusion, qui devait être fatale, de penser que la même
organisation du pouvoir qui avait suffi à des temps
comme ceux qui précédèrent la révolution de 1789, pourrait suffire à d'autres temps comme ceux qui devaient
suivre cette révolution. Ainsi, tandis qu'autour de ce

pouvoir qui avait jusque-là régné seul et sans partage, tout fut changé, transformé, révolutionné, lui seul ne changea pas et fut laissé tel qu'il était, tel qu'il avait été toujours. Il s'était constitué pour gouverner seul, sans contradicteurs, sans adversaires légaux, pour exercer une souveraineté reconnue légitime, absolue, sans limites; et on ne songea pas qu'il ne pouvait pas rester constitué de la même manière, qu'il fallait le constituer différemment quand ses destinées allaient être différentes, quand en face de lui et partout on créait des institutions qui étaient toutes des institutions de défiance contre lui, des armes contre lui, des pouvoirs rivaux devant se prétendre supérieurs, entrer en lutte avec lui et le tenir en échec.

On fit une grande place à la révolution dans la nouvelle organisation sociale; la place faite au pouvoir resta la même et ne fut pas agrandie, comme si l'apparition de ce nouveau personnage politique, la révolution, qui changeait les conditions d'existence de toutes choses, ne devait pas changer aussi les conditions d'existence du pouvoir. Ce pouvoir avait été organisé pour maintenir la soumission, l'obéissance, il ne l'avait pas été pour se trouver à l'état normal et permanent d'antagonisme et de guerre avec des libertés, avec des corps électifs, grands corps de l'État toujours agités, toujours passionnés, lui demandant compte sans cesse de ses actes, de ses intentions, l'atta-

quant dans son droit, dans son principe, dans son origine. Pour de tels combats, pour une vie si nouvelle, si
périlleuse, son organisation ancienne devenait insuffi-
sante, son isolement funeste; il eût fallu l'organiser autrement, de manière à le fortifier, en rétablissant, par
exemple, sauf à les constituer sur d'autres bases, ces
libertés locales, ces grands corps politiques, ces pouvoirs
locaux, ces corporations, qu'il avait autrefois traités en
ennemis parce qu'ils contrariaient son œuvre d'unification, d'assimilation, de centralisation, mais qui désormais, pour son œuvre nouvelle, pour l'avenir de luttes et
d'agitations qui l'attendait, pour résister à l'esprit d'ambition et d'usurpation des assemblées et de certaines libertés, fussent devenues ses auxiliaires en divisant, en localisant, en attirant l'activité politique du pays, qui aurait
ainsi cessé de se concentrer tout entière sur lui.

## XI

Le malheur de la Constituante fut d'avoir été trop prés
des souffrances, des iniquités, des abus engendrés par
l'ancien régime. Ses membres avaient été les témoins
de toutes ces douleurs; ils les avaient ressenties eux-

mêmes ; ils avaient été parties eux-mêmes dans ce grand débat avant d'en être les juges. Ils n'eurent donc pas une impartialité suffisante ; ils eurent trop le souvenir, le sentiment des maux qu'ils avaient soufferts et au milieu desquels ils avaient vécu. C'est sous le coup de ce souvenir, de ce sentiment trop personnels, trop exclusifs, trop vivants, qu'ils se trouvèrent dominés bien plus par l'idée de créer des garanties, des droits, des libertés, que par l'idée de créer un pouvoir fort. C'est l'oppression, la servitude, la misère qu'ils avaient vues, dont ils avaient subi le joug, l'humiliation ; c'est contre l'oppression, la servitude, l'arbitraire qu'ils organisèrent et armèrent la société nouvelle, qu'ils créèrent les nouvelles institutions. C'est le pouvoir qui avait été leur oppresseur, dont ils avaient eu à souffrir, qu'ils avaient connu très-fort, trop fort même puisqu'ils en avaient éprouvé la trop grande force ; c'est le pouvoir qu'ils désarmèrent, qu'ils laissèrent désarmé, qu'ils ne songèrent pas à constituer, persuadés qu'il serait toujours assez fort ; ne comprenant pas, n'ayant pas le moindre soupçon que le pouvoir qu'ils avaient vu être tout ou presque tout, pourrait un jour n'être rien ou presque rien. C'est ainsi qu'ils organisèrent tout, excepté le pouvoir ; c'est contre le pouvoir que tout fut organisé ; c'est en défiance du pouvoir que tout fut institué ; toutes les institutions fondées à cette époque furent comme au-

tant de forteresses dirigées, armées contre lui. On lui
retira tout ce qui pouvait être pour lui un appui, une
force, toutes les institutions du passé, tous les grands
corps politiques, noblesse, clergé, communes, corpora-
rations qui, se solidarisant avec lui à certains jours, faisaient de sa cause la leur, le fortifiaient, le soutenaient
et le rendaient capable d'énergie et de résistance. Il fut
ainsi laissé seul, isolé, sans secours, sans point d'appui,
dans un milieu hostile, défiant. Tel il est resté jusqu'à
nos jours ; tel nous l'avons vu luttant vainement, dans
des conditions inégales, pour finir par être vaincu par les
autres pouvoirs publics créés contre lui.

Il faut regretter que cette faute de la révolution, de la
Constituante n'ait été réparée par aucun des gouvernements, par aucun des régimes qui se sont succédé jusqu'à
notre temps. Le pouvoir a continué d'être isolé, c'est-à-
dire faible, c'est-à-dire le but unique de toute l'activité
politique de la nation, destitué de ces institutions qui,
par leur esprit de gouvernement, par les intérêts qu'elles
représentent, par la vie politique locale qu'elles créent,
auraient pu être pour lui un dérivatif, une force, un
soutien, un secours. Il a été plus facile, pendant ces
cinquante dernières années, de refaire sans cesse les
mêmes discours en faveur de la liberté ou de la résistance, sur les nécessités des concessions ou sur leurs
dangers. Cependant, il faut y prendre garde ; aussi long-

temps que durera cette situation, aussi longtemps qu'on négligera de fortifier le pouvoir au moyen d'une nouvelle organisation, telle que je l'ai indiquée, on sera fatalement condamné, dans toutes les lois de liberté qu'on tentera de faire, à donner peu à la liberté pour laisser beaucoup à l'autorité ; sinon, nous continuerons de voir ce que nous voyons depuis plus d'un demi-siècle : nos lois de liberté finissant toujours par être remplacées par des lois d'autorité, parce que tous les partis, tous les hommes politiques alternativement, au fur et à mesure qu'ils arriveront au pouvoir, le trouvant trop faible pour s'y maintenir et conjurer tous les périls, seront obligés de faire de la politique d'autorité.

## XII

Cela est encore plus spécialement vrai quand il s'agit de lois sur la presse et le droit de réunion : il faut alors remarquer et bien comprendre que, dans un pays de centralisation excessive, la puissance de la tribune et de la presse est plus grande que dans un pays de libertés locales et que, s'y trouvant aux prises avec un pouvoir faible, comme je l'ai démontré, elle y devient, si on n'y songe, plus forte que lui : c'est qu'elle y est seule à former l'opinion, et elle la forme contre le gouvernement et le renverse. Lorsque chez une nation comme la France, il n'y a plus de classes politiques, plus de corps politiques, plus d'influences organisées, conduites, plus de pouvoirs intermédiaires ; lorsque sont absentes toutes ces forces régulières, c'est toujours la presse, la tribune qui, tôt ou tard, prennent en main la direction de l'opinion publique ; ce sont les écrivains, les orateurs qui se trouvent tenir la place désertée, grâce à la centralisation, par les pouvoirs publics. Personne n'est en état de leur disputer ce rôle. La place occupée autrefois, dans la direction des esprits, par les classes gouvernantes, par les influences locales, par les corps politiques intermédiaires, est vide, et la presse et la tribune peuvent la remplir seules. L'opinion, dès lors, se forme en dehors du gouvernement ; c'est là l'un des résultats et l'un des dangers de notre système de centralisation.

Si, au contraire, par l'établissement de libertés provinciales et communales, des aristocraties locales prennent naissance, se développent, grandissent, elles exercent forcément une action puissante sur les esprits, elles contribuent à former l'opinion. La presse et la tribune n'y contribuent plus que pour une faible part, parce qu'elles ne sont plus seules à régner, parce qu'elles ont, dans ces aristocraties, des contre poids, des in-

fluences rivales, par lesquelles leur puissance est neutra-
lisée, annihilée ou éclairée.

Dans notre révolution de 1789, le but n'eût pas été dépassé; on n'eût pas cru, comme on crut alors, qu'il fallait
tout supporter ou tout détruire ; la question ne se fût
pas posée de la sorte ; les Français, par l'exercice des
libertés locales, continuant à s'occuper journellement de
l'administration du pays dans les assemblées de leurs provinces, eussent retenu un certain usage des affaires qui
les eût prévenus contre la théorie pure, si la centralisation n'avait été déjà, à cette époque, un fait accompli,
ainsi que l'a établi victorieusement M. de Tocqueville, et
si, par l'effet de cette centralisation, la direction, la dictature de l'opinion n'avait pas appartenu aux écrivains,
aux philosophes. La France était l'un des pays de l'Europe
où toute vie politique était depuis longtemps et le plus
complétement éteinte par la suppression des libertés locales, où les particuliers avaient le mieux perdu l'usage
des affaires, l'habitude de lire dans les faits, l'expérience
des mouvements populaires, et presque la notion du peuple. Dès lors, comme il n'existait plus d'institutions libres, par conséquent plus de classes politiques, plus de
corps politiques vivants, plus d'influences locales, le gouvernement de l'opinion publique, quand l'opinion publique vint à renaître, échut uniquement à des philosophes,
à des écrivains. Il en résulta que la révolution fut con-

duite moins en vue de certains faits particuliers que
d'après des principes abstraits et des théories très-géné-
rales; il arriva qu'au lieu d'attaquer séparément les mau-
vaises lois, on s'en prit à toutes les lois, et on voulut sub-
stituer à l'ancienne constitution de la France un système
de gouvernement tout nouveau que ces écrivains avaient
conçu. Les libertés locales, les pouvoirs partiels et locaux qui, jusque-là, avaient formé, conduit l'opinion,
n'existaient plus; les écrivains prirent leur place dans le
gouvernement des esprits. On ne voit pas qui aurait pu
leur disputer cette situation de prépondérance : ce n'est
pas évidemment la noblesse française, dont le crédit avait
suivi la fortune de son pouvoir. La place qui avait été
occupée par elle et par d'autres corps politiques dans la
direction de l'opinion était vacante ; les écrivains, les philosophes purent s'y étendre à leur aise et la remplir
seuls. Chaque passion politique se déguisa en philoso-
phie ; la vie politique fut violemment refoulée dans la
littérature. Et comme les écrivains vivaient dans un éloi-
gnement presque infini de la pratique, aucune expérience
ne venait tempérer les ardeurs de leur nature ; rien
ne les avertissait des obstacles que les faits existants
pouvaient apporter aux réformes même les plus désira-
bles ; ils n'avaient nulle idée des périls qui accompagnent
toujours les révolutions les plus nécessaires ; ils se con-
fièrent, dès lors, aveuglément aux théories les plus har-

dies, les plus abstraites, les plus absolues en matière politique. Ils réveillèrent les esprits et les enflammèrent en dénonçant tous les abus, tous les vices, tous les maux qui régnaient alors et en enseignant, comme remèdes, comme salut, les doctrines les plus radicales, les plus irréalisables, les plus dangereuses sur l'égalité et la liberté ; ils montraient toute la société française en décadence, et appelaient la destruction et le renouvellement de toutes les institutions, de toutes les lois.

Voilà le rôle, l'influence, la puissance de la liberté dans les pays de centralisation. Pour que le pouvoir fût capable de lui résister et de vivre avec elle, il faudrait qu'il fût fort, solidement établi, et j'ai montré combien il était faible, isolé, désarmé.


## XIII


Je sais bien qu'en soutenant cette thèse de la faiblesse du pouvoir en France, je m'expose aux sourires d'incrédulité et de dédain de ceux qui prétendent le contraire ; j'en connais qui s'en vont disant que le danger, loin d'être dans la faiblesse du pouvoir actuel, est dans sa trop grande force ; que ce pouvoir est plus fort que les pouvoirs qui l'ont précédé ; qu'il est en position de soutenir le choc de libertés comme celles qui tinrent en échec et renversèrent ces pouvoirs ; qu'il est constitué de manière à pouvoir résister et à maintenir son droit dans les luttes où les autres ont succombé.

Si on entend par pouvoir, par gouvernement, un homme de génie, une personnalité puissante, glorieuse ; si, parce que Dieu, à certains jours de la destinée d'une nation, aura placé à sa tête et lui aura donné pour chef un de ces grands hommes dans lesquels se résument, se personnifient, pendant un certain temps, toutes les aspirations, toutes les institutions, toute l'âme d'un peuple, tous les intérêts même de la civilisation, si c'est là ce qu'on appelle le pouvoir, le gouvernement, alors, je le reconnais, on a raison de dire que nous avons aujourd'hui en France un pouvoir fort, un gouvernement fort, et que mes craintes, mes inquiétudes sont chimériques. Mais le pouvoir n'est pas cela ; c'est cet ensemble d'institutions qui doit survivre au souverain et protéger, assurer la transmission de la couronne à son successeur ; qui doit faire que le passage d'un règne à un autre ne soit pas une échéance redoutée par les uns ou désirée par les autres ; qui fait qu'en Angleterre les rois et les reines se succèdent paisiblement, naturellement, par la voie de l'hérédité, et qu'en Russie, en pleine guerre de Crimée, au milieu d'une des plus grandes crises politiques qu'ait traversées cet empire, l'empereur Nicolas venant à mourir, son fils Alexandre le remplace sur le trône sans trouble, sans agitation, sans que l'opinion s'inquiète, sans que les passions politiques s'allument, sans que l'ordre, la sécurité soient compromis un seul instant. Voilà pour moi les véritables pouvoirs forts, les véritables gouvernements.

A ceux qui pourraient ne pas être de mon avis, et que ma proposition choquerait comme contraire à toutes les notions en politique, je demanderai ce qu'ont duré leurs monarchies parlementaires, leurs républiques, et si à leurs rois ont succédé leurs héritiers présomptifs, et si à leurs républiques ont succédé d'autres républiques. C'est qu'en effet on ne saurait soutenir sérieusement qu'il y ait jamais eu en France, depuis bientôt trois quarts de siècle, un pouvoir véritablement fort. C'est l'état de faiblesse du pouvoir qui, depuis 1789, a fait avorter toutes nos lois de liberté, toutes nos tentatives d'établissement de la liberté. C'est une affirmation qui peut déplaire, mais c'est la vérité de l'histoire. Pour le dire encore une fois, et on ne saurait trop insister sur ce point, c'est là ce qui fait que tous les partis, une fois arrivés au pouvoir, s'apercevant aussitôt que ce pouvoir est insuffisant, sans solidité, sont obligés tour à tour, pour s'y maintenir, pour combattre l'anarchie, pour faire de l'ordre et du gouvernement, d'offrir le spectacle de toutes les variations, de violer la liberté qu'ils avaient promise

et qui était leur drapeau, de recourir à la dictature, à
l'état de siége, à toutes les lois d'exception et de répression. Il n'est pas un parti devenu gouvernement qui
n'ait dû céder à ces nécessités nées de la faiblesse organique du pouvoir en France.

On objecterait vainement que ce que je dis de la faiblesse du pouvoir en France est applicable seulement aux
gouvernements précédents, et ne saurait s'appliquer au
gouvernement actuel qui repose sur une base plus large,
le suffrage universel. Pour moi, au point de vue où je
me place, la circonstance du suffrage universel est plutôt
aggravante qu'atténuante. A mes yeux, en effet, la cause
de la faiblesse du pouvoir réside dans la concentration
de toute l'activité politique de la nation sur le pouvoir
exécutif. Or, il est évident que le suffrage universel a
pour effet d'accroître cette activité dans des proportions
incalculables. Il s'ensuit que cette activité devenant plus
grande, plus puissante, d'une part, et continuant d'être
concentrée uniquement sur le pouvoir, d'autre part, la
situation du pouvoir devient d'autant plus faible, plus
menacée. C'est ainsi que le suffrage universel, sous le
régime de la centralisation, n'est qu'une cause de plus de
faiblesse et un péril de plus.

## XIV

Veut-on une dernière preuve de cette faiblesse? Je demandais un jour à un membre éminent de la Chambre des communes anglaises, si la presse, si la tribune avaient chez eux la même influence que chez nous, si leurs journalistes, si leurs orateurs étaient, comme les nôtres, les régulateurs de l'opinion, s'ils exerçaient sur elle la même dictature, si leurs articles, si leurs discours étaient, sur tous les points du territoire, comme en France, annoncés, attendus, accueillis, salués comme des événements, comme la lumière, comme la vérité, comme le *criterium* de ce qu'il faut penser, de ce qu'il faut croire, de ce qu'il faut faire. Il me répondit : «L'action de la presse et de la tribune n'est pas en Angleterre ce qu'elle est en France. Par l'effet de notre système de décentralisation et de libertés locales, notre activité politique est occupée, presque absorbée, au fond de nos provinces, de nos comtés, par la gestion, par l'administration des plus graves intérêts. Nous sommes les maîtres de nos impôts, de notre instruction publique, de nos routes, de nos travaux publics, de notre justice.... ; nous sommes tout entiers à les

gérer, à les discuter; nous sentons que ce sont là nos intérêts moraux et matériels les plus chers et qui nous touchent
le plus. Les luttes, auxquelles donnent lieu des intérêts
aussi considérables, créent des influences locales, des
aristocraties locales; nous avons des corps politiques, des
classes politiques, des corporations...; il se forme ainsi
autour de nous, au milieu de nous, dans chaque province,
dans chaque comté, une vie politique, un foyer politique
qui offre à nos ambitions un aliment suffisant, qui les
retient, qui les fixe sur place, qui les localise. Il en résulte que notre activité politique se dépensant et s'usant
ainsi dans des luttes de la vie communale et provinciale,
nous sommes moins attentifs que vous aux articles
des journaux et aux discours du Parlement. Nous ne
les lisons pas toujours, et quand nous les lisons, c'est
sans empressement et sans passion, ce n'est pas pour y
chercher ce que nous devons penser et croire, ce n'est
pas pour nous former notre opinion et y trouver la règle
de notre conduite; c'est uniquement pour nous tenir
au courant des faits et des événements de chaque jour;
nous ne voyons, en quelque sorte, dans les journaux que
des comptes rendus, des *Moniteur*, rien de plus.

« Nos journalistes, nos orateurs savent si bien que tel est
notre caractère, que telles sont nos mœurs publiques et
qu'ils seraient impuissants à nous passionner pour autre
chose que pour nos propres affaires, pour nos affaires lo-

cales, qu'ils s'abstiennent, les uns, de ces polémiques ar-
dentes, les autres, de ces discours académiques, de ces
joutes oratoires qu'on aime tant chez vous, qui s'attaquent
à la constitution, au gouvernement, à son origine, à son
principe, qui exaltent à outrance les droits de l'homme et
du citoyen, et qui, excitant sans cesse, de la sorte, le sentiment du droit et de la personnalité, entretiennent les
esprits dans un état permanent d'agitation et d'ébullition.
Les discussions de notre Parlement et de nos écrivains ne
sont que des discussions d'affaires, à très-peu d'exceptions
près. L'opinion publique n'est donc pas faite, en Angleterre, par la presse, par la tribune ; il se dégage, il se
forme une opinion dans chaque province, dans chaque
commune, par l'effet de la vie politique qui s'y épanouit ; ce
sont toutes ces opinions qui concourent à la formation de
l'opinion publique, laquelle en est comme la résultante...

« En outre, vous devez facilement comprendre que
comme nous constatons par une expérience journalière
les difficultés de gouvernement de nos villes, nous sommes
préparés à comprendre celles qu'entraîne le gouvernement de l'État ; nous ne prenons donc point, comme vous,
devant l'autorité, cette propension frondeuse et tracas-
sière qui caractérise les peuples exclus de toute partici-
pation aux affaires publiques locales. Ceux d'entre nous,
auxquels leurs concitoyens délèguent le pouvoir commu-
nal, ont devant les autorités de la province et de l'État une

attitude digne et indépendante; mais ils leur accordent spontanément le respect et l'obéissance qu'ils ont eux-mêmes besoin de trouver chez leurs administrés. Fondant leur influence sur l'estime et la confiance de ces derniers, ils s'appliquent incessamment à s'en rendre dignes par de loyaux services, et c'est en cela que consistent chez eux la prudence et l'esprit de conduite. Ils ne sont pas obligés de capter à tout prix la faveur des gouvernants, comme chez vous, ni de se ménager de longue main, comme chez vous, la bienveillance de tous les agitateurs, de tous les hommes politiques ayant, pour l'avenir, des chances de succès. Vous voyez maintenant comment, par l'effet des libertés locales, nous avons le respect de l'autorité, nous ressentons peu l'action de la presse et de la tribune, comment nous nous exerçons à nous gouverner nous-mêmes dans les branches d'activité où les fautes d'apprentissage ne sauraient compromettre aucun intérêt général, comment, enfin, se développent ainsi progressivement les mœurs de la liberté civile et politique. »

On voit que les mêmes raisons, qui font qu'en Angleterre et partout où il existe des libertés locales, la presse et la tribune sont sans danger parce qu'elles y sont sans influence, veulent qu'en France et partout où la centralisation est excessive, elles soient dangereuses parce qu'elles y sont toutes-puissantes. Dans le premier cas, les libertés générales peuvent être presque sans limites, parcequ'elles ont les libertés locales pour contre-poids et en quelque sorte pour *diviseur ;* dans le second cas, les libertés générales doivent être mesurées exactement à la situation précaire du pouvoir, parce que la centralisation les excite, les ameute contre le pouvoir seul.

## XV

Pour conclure je dis :

En matière de législation politique, ce qu'il faut éviter, avant tout, c'est de se déjuger, c'est de faire des lois de liberté si mal conçues, si mal mesurées, qu'on soit condamné plus tard à les refaire, à les modifier, à leur reprendre, par d'autres lois, ce qu'elles avaient donné. Les pouvoirs publics qui offrent le spectacle de trop fréquentes variations perdent bientôt tout prestige, toute autorité ; ce sont là des fautes politiques qui peuvent ne pas apparaître dans toute leur gravité au moment même où elles sont commises, parce que c'est le propre et le danger de presque toutes les fautes, en politique, de passer d'abord inaperçues et sans saisir les imaginations ;

mais elles agissent peu à peu et pour ainsi dire invisi-
blement sur l'opinion, et font qu'un jour elle n'a plus
dans ces pouvoirs la même confiance parce qu'elle les a
vus hésitants, incertains, changeant de voie, défaisant
ce qu'ils avaient fait, refaisant ce qu'ils avaient défait.
Pour ne pas commettre de telles fautes, quand on fait
des lois de liberté, on doit commencer par savoir quelle
est l'organisation du pouvoir pour savoir ensuite ce que
cette organisation comporte et peut supporter en fait de
liberté. Or, j'ai montré qu'en France la puissance de
la liberté est grande et le pouvoir faible par l'effet de la
centralisation. Cela étant, il ne peut y avoir que deux
conduites à tenir :

Ou attendre que, par un développement suffisant des
libertés locales, la situation du pouvoir ne soit plus celle
que j'ai décrite, et après ce développement accompli,
et seulement alors, étendre les libertés générales autant qu'on voudra ; je n'y vois plus de danger ;

Ou bien, dès à présent, au moyen d'une loi, étendre
les libertés générales, proportionner très-exactement,
dans ce cas, l'action de la nouvelle liberté qu'on donne
à la force de résistance dont le pouvoir est capable.
Mais c'est précisément cette proportion qu'il est difficile, sinon impossible, d'observer ; tous les gouvernement y ont échoué depuis cinquante ans : j'en ai fait
la démonstration. Comment, en effet, marquer avec

exactitude le point déterminé où le législateur doit
s'arrêter dans la voie de la liberté et au delà duquel
le pouvoir, trop faible, ne peut plus lutter et succombe?
Si la loi dépasse le but, si elle fait une liberté plus puissante que le pouvoir, on sait ce qui arrive : le pouvoir est
obligé de se défendre contre cette activité politique de la
nation, toute appelée sur lui par la centralisation et ac-
crue par la nouvelle loi dans une mesure dispropor-
tionnée : il fait de la répression ; c'est la période des
procès politiques. L'histoire dit ce que valurent de popularité aux écrivains, et d'impopularité aux royautés de
1814 et de 1830, les procès politiques de ces temps.
Pourquoi recommencer? Aurions-nous cessé d'être un
pays où les condamnations politiques, même avec l'in-
terdiction des comptes rendus, aboutissent, en dernière
analyse, à une sorte d'oblitération morale de l'opinion,
qui glorifie les condamnés, accuse le pouvoir d'into-
lérance et de persécution, et suspecte l'indépendance
de la magistrature? Chaque procès est un ferment d'exci-
tation de plus; tout s'irrite, tout s'envenime. Enfin, arrive un moment suprême où le pouvoir aux abois est
vaincu, ou bien, s'il se sent encore assez de force, il
l'emploie, pour se sauver, à reprendre, par de nouvelles
lois, les libertés données par les lois précédentes.

Ce sont ces difficultés, ces dangers de la seconde so-
lution, qui me font préférer la première. La première

est de beaucoup la plus sage. Seulement, dans cette voie, il n'y a pas un moment à perdre ; il faut de suite mettre à l'étude le problème des libertés locales ; il faut, avec des ménagements infinis, mais résolûment, faire la part du pouvoir central, et la part de la province, de la commune. Il y a urgence à rechercher, à savoir ce qui peut être dévolu à la commune, à la province, sans compromettre l'unité |nationale, et ce qui doit être conservé au pouvoir central. Il importe que le système de dévolution à adopter soit mûrement et profondément médité. Le meilleur système une fois choisi, adopté, il s'agit de le faire passer dans la législation et dans la pratique, peu à peu, graduellement, avec toutes les précautions, avec tous les tempéraments que comporte une telle réforme. La réforme accomplie, il se formera des centres partiels d'activité politique qui offriront à la province, à son esprit, à son ambition, un aliment suffisant pour qu'elle se plaise chez elle, pour qu'elle cesse d'avoir ses regards toujours tournés vers le souverain, pour qu'elle arrive à se distraire des passions, des préoccupations de la politique générale ; pour que, à l'avenir, absorbée, agitée par le soin de ses affaires locales, elle ait moins le temps et le désir de s'occuper sans cesse des affaires de l'État, de s'enflammer pour elles, de discuter et de juger sans cesse les actes du gouvernement, son principe, son origine, son chef ; pour qu'elle devienne moins prompte, moins

facile à se laisser enrôler par les meneurs, par les recru-
teurs des partis... Dès ce moment, la liberté sera fondée,
le Corps législatif pourra voter les lois de libertés générales les plus étendues, parce que le pouvoir sera devenu
fort, c'est-à-dire capable de les supporter. Le pouvoir sera
devenu fort, parce qu'il aura cessé d'être l'objectif unique, permanent, de l'activité politique de la nation désormais *divisée, localisée.*

Voilà, pour moi, le seul chemin qui conduit à la liberté : j'appelle liberté celle qui dure, celle qui ne dis-
paraît pas dans de périodiques naufrages, dans d'inces-
santes éclipses ; je n'appelle pas liberté celle qui ne naît
pas viable, celle qui n'a pas les conditions de l'existence,
celle qui, sans contre-poids suffisant, entraînée à tenir
en échec et à absorber le pouvoir exécutif, fait que celui-
ci, trop faible, périt, c'est une révolution, ou, s'il ne
périt pas, il comprime la liberté, c'est une réaction ; je
n'appelle pas liberté ce qui doit s'appeler fatalement,
un jour, ou révolution ou réaction.

Cessons donc de commettre la faute que commirent
nos pères et qui fit leurs mécomptes et leurs douleurs ;
cessons de réclamer des libertés générales plus étendues
avant d'avoir les libertés locales nécessaires. L'extension
des libertés générales, sans les libertés locales, c'est, pour
me servir d'une expression triviale, c'est comme la char-
rue devant les bœufs ; c'est, dans notre histoire, à cause

de la situation du pouvoir, ou le retrait des lois de libertés, si le pouvoir est encore assez fort pour les retirer, ou, sinon, c'est la chute du pouvoir. Aveugles ou ennemis ceux qui ne le voient pas.

Sans doute, il est plus facile de refaire, chaque année, le même discours que nous entendons depuis soixante ans, en faveur de la liberté de la presse, du droit de réunion, de la responsabilité ministérielle, du droit d'initiative... Avec cela, on fait mieux les affaires de son ambition et de sa personnalité; on se fait plus vite un nom, une situation, une popularité; on arrive plus vite au pouvoir, mais à quel prix?... On sent aussitôt que ce pouvoir est faible, on se sent impuissant à faire le bien, à empêcher le mal; on lutte, mais on n'avance pas. On veut alors fortifier le pouvoir, on retire les lois de liberté; on fait des lois d'autorité. La liberté recule encore une fois; elle reculera aussi longtemps qu'elle ne sera pas dans sa voie et dans les conditions normales de son existence.

Laissons au passé et à ses ruines cette politique de mirage et de déceptions. Demandons des libertés locales, écrivons pour elles, faisons des discours pour elles, formons une opinion pour elles. Arrivons vite, surtout, à force d'étude, à pouvoir formuler un système de libertés locales sages, graduées, mesurées, mais qui soit en même temps quelque chose de net et de pratique. L'esprit fran-

çais n'aime pas les formules vagues, dogmatiques; il veut
la clarté, la résolution; il veut voir où il va, où on le
mène. Que les libertés locales deviennent, dès lors, le
drapeau, le programme, la passion de tous ceux qui sont
las, désabusés de ces oppositions stériles qui, depuis plus
d'un demi-siècle, n'ont su nous donner qu'une liberté
éphémère aboutissant aux réactions ou aux révolutions.
Aimons la liberté comme elle veut être aimée, c'est-à-dire
dans ce qui la donne et non point dans ce qui l'éloigne;
aimons-la dans les libertés locales : les libertés locales
seules nous la donneront. Nous sommes un peuple qui a
le goût et le désir de la liberté, sans avoir encore su établir des institutions véritablement libres, des institutions
communales, des libertés locales. Ce n'est pas que je
croie absolument que les hommes ne puissent pas jouir
d'une espèce d'indépendance dans les pays où, comme
en France, ces sortes d'institutions n'existent pas suffisamment. Pour cela, les habitudes et les opinions peuvent suffire; mais ils ne sont jamais assurés de rester
libres, parce qu'ils ne sont jamais assurés de le vouloir
toujours. Il y a des temps où les peuples les plus amou-
reux de leur indépendance se laissent aller à la regarder
comme un objet secondaire de leurs efforts. La grande
utilité des institutions réellement libres, des libertés locales, est de soutenir la liberté pendant ces intervalles
où l'esprit humain s'occupe loin d'elle et de lui donner

une sorte de vie végétative qui lui soit propre et laisse le temps de revenir à elle. Les formes (et ici les formes sont les libertés locales) permettent aux hommes de se décourager passagèrement de la liberté sans la perdre. Quand un peuple veut absolument renoncer à la liberté, on ne saurait l'en empêcher ; mais je pense que les institutions libres, les libertés locales, peuvent le maintenir pendant quelque temps dans l'indépendance, sans qu'il s'aide lui-même.

Voilà la liberté.

Les libertés locales, c'est l'activité politique de la nation *divisée, localisée*, c'est le pouvoir dégagé, cessant d'être à l'état de congestion et de cible universelle et perpétuelle : c'est le pouvoir devenu fort, devenu capable, dès lors, de supporter toutes les libertés générales. C'est la liberté.

Hors de là, il n'y a que de nouveaux mécomptes et de nouvelles douleurs pour la patrie. Il faut en finir avec la rhétorique, avec la métaphysique de la liberté ; il faut en finir avec les éternelles et brillantes variations sur les principes de 1789. Il est temps que nous cessions d'être des professeurs émérites de liberté et de pauvres praticiens. Ne professons plus, pratiquons. Les Anglais, les Américains, les grands peuples libres, ne professent pas, ils pratiquent. Ils ne possèdent pas (les Américains surtout) une littérature politique qui approche de la nôtre ; ils n'ont pas une tribune qui ait retenti d'une éloquence pareille à celle de nos orateurs ; ils n'ont pas à montrer au monde un Montesquieu, un Mirabeau ; mais voyez leur sagesse et leur sens pratique! Ils se sont consolés de leur médiocrité oratoire et littéraire, en politique, en remplaçant par des institutions nos discours et nos écrits. Voilà comment les Anglais, les Américains pratiquent la liberté; pratiquons-la comme eux : donnons-nous aussi des institutions, c'est-à-dire des libertés locales ; défions-nous de notre penchant à vouloir toujours et tout légiférer ; la liberté ne se décrète pas, ne se vote pas ;. les lois ne suffisent pas pour la fonder. Il faut encore que l'organisation politique, dans laquelle elle est appelée à se mouvoir, s'accorde avec elle, et surtout ne lui soit pas contraire. Si, dans cette organisation, par l'effet de la centralisation, le pouvoir est faible, comme je l'ai montré, ce n'est pas l'établissement de la liberté qui sortira du vote législatif, ce sera la carrière rouverte aux luttes, aux conflits, ce sera le pouvoir acculé, un peu plus tôt ou un peu plus tard, à une politique de résistance, toujours impopulaire dans notre pays. J'ai dit quelles étaient, dans cette voie, les péripéties, les étapes marquées d'avance.

Je n'ai plus rien à ajouter.

Je n'ai plus qu'à exprimer les vœux les plus sincères, les plus ardents, pour que l'extension de nos libertés locales ne soit pas longtemps différée, et, en attendant, pour que l'extension des libertés générales, que va voter le Corps législatif, soit mesurée exactement à la situation du pouvoir en France.

Encore une fois, notre salut est dans les libertés locales.

Ne professons plus la liberté.

Pratiquons-la.

FIN

PARIS. — IMP. SIMON RAÇON ET COMP., RUE D'ERFURTH, 1.